São Tarcísio
Missionário e mártir da Eucaristia

São Tarcísio
Missionário e mártir da Eucaristia

Aparecida Matilde Alves

Paulinas

Dados Internacionais de Catalogação na Publicação (CIP)
(Câmara Brasileira do Livro, SP, Brasil)

Alves, Aparecida Matilde
   São Tarcísio : missionário e mártir da Eucaristia / Aparecida Matilde Alves. – São Paulo : Paulinas, 2013. – (Coleção amigas e amigos de Deus. Série atitude jovem)

   ISBN 978-85-356-3462-4

   1. Santos cristãos - Biografia   2. Tarcísio, Santo, Mártir, Séc 3 I. Titulo. II. Série.

13-02538   CDD-270.092

Índice para catálogo sistemático:

1. Santos cristãos : Biografia   270.092

1ª edição – 2013

4ª reimpressão – 2024

Direção-geral: *Bernadete Boff*
Editora responsável: *Maria Goretti de Oliveira*
Copidesque: *Ruth Kluska*
Coordenação de revisão: *Marina Mendonça*
Revisão: *Sandra Sinzato*
Gerente de produção: *Felício Calegaro Neto*
Assistente de arte: *Ana Karina Rodrigues Caetano*
Ilustrações: *Anasor*
Diagramação: *Jéssica Diniz Souza*

Nenhuma parte desta obra poderá ser reproduzida ou transmitida por qualquer forma e/ou quaisquer meios (eletrônico ou mecânico, incluindo fotocópia e gravação) ou arquivada em qualquer sistema ou banco de dados sem permissão escrita da Editora. Direitos reservados.

Cadastre-se e receba nossas informações
paulinas.com.br
Telemarketing e SAC: 0800-7010081

Paulinas
Rua Dona Inácia Uchoa, 62
04110-020 – São Paulo – SP (Brasil)
📞 (11) 2125-3500
✉ editora@paulinas.com.br
© Pia Sociedade Filhas de São Paulo – São Paulo, 2013

Apresentação

Quando o Beato João Paulo II entregou à Igreja a Carta Apostólica *Novo Millennio Ineunte* (NMI), chamou a atenção de todos a primeira das prioridades pastorais apresentada. Certamente muitos esperavam a indicação de uma determinada pastoral em relação à qual seríamos chamados a empreender todos os esforços. O Papa nos surpreendeu ao afirmar: "Em primeiro lugar não hesito em dizer que o horizonte para o qual deve tender todo o caminho pastoral é a *santidade*" (NMI, n. 30).

Como ensinava o Concílio Vaticano II, que nos falou de "vocação universal à santidade" no capítulo V da *Lumen gentium*, pontuava o Papa dos Jovens que o ideal de vida de santidade não devia ser visto como um caminho extraordinário, percorrível apenas por alguns gênios da santidade. Antes, os caminhos de santidade são variados e apropriados à vocação de cada um, os jovens inclusive. A direção da santidade é apontada para quem abraça a vida cristã.

"Na verdade, colocar a programação pastoral sob o signo da santidade é uma opção carregada de consequências. Significa exprimir a convicção de que, se o Batismo é um verdadeiro ingresso na santidade de Deus através da inserção em Cristo e da habitação do seu Espírito, seria um contrassenso contentar-se com uma vida medíocre, pautada por uma ética minimalista e uma religiosidade superficial. Perguntar a um catecúmeno: 'Queres receber o Batismo?' significa, ao mesmo tempo, pedir-lhe: 'Queres fazer-te santo?'. Significa colocar na sua estrada o radicalismo do Sermão da Montanha: 'Sede perfeitos, como é perfeito vosso Pai celeste' (Mt 5,48)" (NMI, n. 31).

Conhecer os santos é conhecer aqueles que encarnaram em suas vidas o Evangelho de Jesus Cristo. A vida de santidade é uma resposta dada no dia a dia de nossa história pessoal àquele que dá a vida definitiva. Assim, cada santo ou cada santa se torna modelo para nós, peregrinos deste tempo.

Missionário e mártir da Eucaristia, São Tarcísio se inscreve na longa lista dos mártires. No seu Batismo já estava inscrito seu caminho de santidade. Sua breve história de vida está narrada nas páginas deste pequeno livro, fruto do trabalho de pesquisa da Ir. Aparecida Matilde Alves.

Impressiona-nos nestes tempos da Igreja o número de jovens, rapazes e moças, que busca a adoração eucarística como um dos momentos privilegiados de encontro com o Senhor. Neste Ano da Fé, proclamado por Bento XVI, que tem como um de seus pontos altos a realização da Jornada Mundial da Juventude (JMJ), no Rio de Janeiro, em julho de 2013, apresentar a vida de São Tarcísio, é um estímulo para que os milhões de jovens alcançados pelo anúncio de Jesus

Cristo queiram a ele oferecer sua vida e seus caminhos. Descubram eles que a vida de santidade é uma bem-aventurança, é a verdadeira alegria. Boa leitura!

† João Justino de Medeiros Silva
Bispo Auxiliar de Belo Horizonte (MG)

Introdução

De setembro de 2008 a agosto de 2010, a estátua de São Tarcísio peregrinou pelos países europeus, sendo venerada e aclamada por milhares e milhares de jovens e adolescentes, coroinhas ou acólitos. Abrilhantando essa longa peregrinação e bela homenagem ao mártir da Eucaristia, em agosto de 2010, Bento XVI recebeu em audiência acólitos vindos de toda a Europa e lhes disse:

"Quando sobrevoei a Praça de São Pedro de helicóptero, pude ver todas as cores e a alegria que está presente nesta Praça! Desse modo, vocês não apenas criam um ambiente de festa em São Pedro, mas alegram ainda mais o meu coração! Obrigado! A estátua de São Tarcísio chegou até nós após uma longa peregrinação... foi apresentada na Suíça, na presença de 8 mil acólitos: sem dúvida, alguns de vós estavam lá presentes. Da Suíça, ela passou por Luxemburgo e chegou até a Hungria e demais países europeus. Hoje, nós a recebemos festivos, contentes por poder conhecer melhor esta figura dos primeiros séculos da Igreja. Depois a estátua – como já nos disse D. Gächter, bispo auxiliar de Basileia – será colocada nas catacumbas de São Calisto, onde São Tarcísio foi sepultado. Os votos que formulo a todos vocês é que São Tarcísio possa tornar-se um ponto de referência para os acólitos e para aqueles jovens e adolescentes que desejam seguir Jesus mais de perto através da vida sacerdotal, religiosa e missionária. Todos podem olhar para este jovem corajoso e forte, renovando o compromisso de amizade com o Senhor para aprender a viver sempre com ele, seguindo o caminho que ele nos indica com a sua Palavra e o testemunho de numerosos santos e mártires dos quais, por intermédio do Batismo, nos tornamos irmãos e irmãs." (Catequese de Bento XVI sobre São Tarcísio, no dia 4 de agosto de 2010).

Diz santo Agostinho: *"Os homens são feitos mártires não devido à quantidade de seu sofrimento, mas à causa pela qual eles sofrem"*.

Milhares de cristãos foram mortos ao longo da história da Igreja sob diversas acusações. Em muitas ocasiões os cristãos da Igreja Primitiva foram acusados de "traidores", "criminosos", "antissociais", "obstinados", "inimigos de Roma" e "ateus". Cipriano de Cartago (210-258) pertencia a uma família nobre e dedicou-se à oratória e à advocacia. Após se converter ao cristianismo, foi eleito bispo de Cartago. Foi perseguido por se negar a participar das festas pagãs e oferecer sacrifícios aos deuses romanos. Cipriano foi julgado e degolado sob o governo do imperador Valeriano.

Mas não para por aí. Há uma extensa lista de homens e mulheres mortos por não cederem às pressões políticas, religiosas e sociais de sua época. Para muitos, o que essas pessoas estavam dispostas a fazer era uma loucura sem precedentes; segundo o imperador romano Marco Aurélio, "os cristãos eram tolos obstinados". Mas para os cristãos esse ato ia além de ser crucificado, degolado ou devorado por feras nas arenas; esse era um ato de fé, de autonegação e de afirmação da soberania de Deus sobre suas vidas.

Os mártires da história da Igreja cristã tinham muito claro para si que não importava o quanto sofreriam em seus corpos, desde que a causa que defendiam fosse conhecida. A morte em si não era o fator mais importante no martírio deles, mas as razões que os conduziram a isso. O crescimento significativo da Igreja nos seus primeiros séculos se deve, em grande parte, à coragem de seus mártires que, através de seu amor e devoção a Cristo, cativavam e constrangiam as multidões pagãs e seus governantes.

O filósofo e teólogo Soren Kierkegaard disse algo interessante a respeito disso:

"[...] Naturalmente existe uma enorme diferença entre o tirano e o mártir, embora ambos tenham uma coisa em comum: o poder de constrangimento. O tirano, ele mesmo ambicioso por dominar, obriga as pessoas por meio de seu poder; o mártir, ele mesmo incondicionalmente obediente a Deus, incita os outros por meio de seu sofrimento. O tirano morre e seu governo acaba; o mártir morre e seu governo se inicia...".

Capítulo I

Roma dos imperadores

Para conhecermos um pouco da Igreja Primitiva e do comportamento dos primeiros cristãos, consideremos um pequeno trecho da Carta a Diogneto:[1]

"'Dai a cada um o que lhe é devido: o imposto a quem é devido; a taxa a quem é devida; a reverência a quem é devida; a honra a quem é devida' (Rm 13,7). Os cristãos residem em sua própria pátria, mas como residentes estrangeiros. Cumprem todos os seus deveres de cidadãos e suportam todas as suas obrigações, mas de tudo são desprendidos, como estrangeiros... Obedecem às leis estabelecidas, e sua maneira de viver vai muito além das leis... Tão nobre é o posto que lhes foi outorgado por Deus que não lhes é permitido desertar. Os cristãos não diferem dos demais homens pela terra, pela língua ou pelos costumes. Não habitam cidades próprias, não se distinguem por idiomas estranhos, não levam vida extraordiná-

---

[1] *Diognetus* foi tutor do imperador romano Marco Aurélio, que o admirava por não ser supersticioso e pelos sólidos conselhos educacionais, mas é improvável que seja ele o destinatário desta apologia. Mais provável é "o excelentíssimo Diognetus", Cláudio Diogenes, procurador de Alexandria na virada do século II para o III d.C. Esta Carta é um dos mais antigos documentos que contam a vida dos primeiros cristãos.

ria. Além disso, sua doutrina não foi encontrada em pensamento ou cogitação de homens desorientados. Também não patrocinam, como fazem alguns, dogmas humanos... Qualquer terra estranha é pátria para eles; qualquer pátria, terra estranha. Tem a mesa em comum, não o leito. Vivendo na carne, não vivem segundo a carne. Na terra vivem participando da cidadania do céu. Obedecem às leis, mas as ultrapassam em sua vida. Amam a todos, sendo por todos perseguidos... E quando entregues à morte, recebem a vida. Na pobreza, enriquecem a muitos; desprovidos de tudo, sobram-lhes os bens. São desprezados, mas no meio das desonras, sentem-se glorificados. Difamados, mas justos; ultrajados, mas benditos; injuriados, prestam honra. Fazendo o bem são punidos como malfeitores; castigados, rejubilam-se como revificados. Os judeus hostilizam-nos como alienígenas; os gregos os perseguem, mas nenhum de seus inimigos pode dizer a causa de seu ódio. Para resumir, numa palavra, o que é a alma no corpo, são os cristãos no mundo: como por todos os membros do corpo está difundida a alma, assim os cristãos, por todas as cidades do universo". (Fonte: Coleção Patrística, São Paulo: Paulus. v. II, Padres Apologistas.)

Corria o ano 257 depois de Cristo. O Império Romano era governado por Valeriano – César Públio Licínio Valeriano Augusto. Até então, ele havia deixado os cristãos em paz. Mas o velho prefeito de

Roma, Macriano, disse-lhe um dia: "Que o povo siga a doutrina de Jesus, tudo bem! Mas que os nobres e os guerreiros se tornem cristãos, é um absurdo! E é exatamente isto o que está acontecendo. E tu deves tomar providências, ó César".

"Sim – respondeu Valeriano –, tens razão. Vou escrever um decreto de perseguição. A partir de hoje, mandarei perseguir os cristãos. Ai deles! Roma não deve submeter-se aos mandamentos daquele Jesus Nazareno. Ordenarei, pois, que todo aquele que se declarar cristão seja punido de morte. Somente se salvarão aqueles que, renegando a Cristo, honrarem os deuses de Roma."

Naquele tempo, o Papa da Igreja Católica era Sixto II, de origem grega, que foi eleito o vigésimo quarto papa, substituindo Santo Estêvão I (254-257), mas que governou a Igreja apenas durante um ano (257-258). Sixto II possuía um caráter bondoso e solucionou as discórdias que haviam atormentado a Igreja durante o governo dos Papas Cornélio, Lúcio e Estêvão. Trouxe de volta à Igreja os cristãos da Antioquia e os africanos que se haviam separado devido à controvérsia sobre a validação do Batismo ministrado por hereges e efetuou o translado dos restos mortais de São Pedro e São Paulo para as catacumbas de São Calisto, onde os cristãos de Roma se reuniam.

Mas o imperador Valeriano, atendendo à maldosa sugestão do prefeito, decretou: "Fica proibido o culto cristão, e o clero tem obrigação de oferecer sacrifícios aos deuses romanos, sob a pena de exílio".

Um ano mais tarde, em agosto de 258, um senador romano ampliou ainda mais o edito, lançando uma moeda com a imagem do imperador Valeriano e prescrevendo:

"Os bispos, padres e diáconos devem ser imediatamente executados; os senadores, nobres e cavaleiros que perdem sua dignidade (tornando-se cristãos), sejam privados de seus bens e, se ainda assim continuarem sendo cristãos, sofram a pena capital. As senhoras da nobreza, despojadas de seus bens, sejam exiladas. Os cesarianos (escravos libertos por César) que antes ou agora professarem a fé sejam destituídos de seus bens e, marcados a ferro no pescoço, sejam enviados a servir nos domínios estatais".

Assim foi martirizado, no ano 257, em Roma, o Papa Estêvão I; na noite de 6 de agosto de 258, os soldados romanos surpreenderam o Papa Sixto II pregando aos fiéis; amarraram-no com quatro diáconos que estavam com ele na Catacumba de São Calisto, e, ali mesmo, decapitaram-nos; e na África foi decapitado Dom Cipriano, o Bispo de Cartago.

Capítulo II

As comunidades cristãs

Valeriano foi um imperador duro e sanguinário. Deixou-se convencer de que os cristãos eram inimigos do Império Romano e devia exterminá-los. Mas sua maldade não intimidava os cristãos que continuavam a professar sua fé em Jesus Cristo. Era frequente a trágica cena em que, enquanto celebravam seus cultos, eram surpreendidos pelos soldados que impiedosamente os decapitavam ou lhes infligiam outras formas de martírio.

Afirmou São Policarpo, martirizado no ano 176:

"Eu vos bendigo, Senhor, por me terdes julgado digno desse dia e dessa hora, digno de ser contado no número dos vossos mártires... Guardastes vossa promessa, Deus da felicidade e da verdade. Por essa graça e por todas as coisas eu vos louvo, vos bendigo e vos glorifico pelo eterno sacerdote Jesus Cristo, vosso Filho bem-amado. Por ele que está conosco e com o Espírito, vos seja dada a glória, agora e por todos os séculos. Amém".

Mas essa fé, fortaleza e serenidade dos cristãos, aguçava cada vez mais o ódio dos perseguidores. E os cárceres foram ficando cada dia mais cheios. Neles, porém, observava-se um verdadeiro contraste com aquela algazarra barulhenta da estrada e das cidades.

Ali reinavam paz, serenidade, alegria e júbilo; nos muros de pedra grega ecoavam os cantos salmodiantes, entoados por Pancrácio e repetidos de um lugar para outro. Ao cair da noite, uma prece melodiosa elevava-se das negras e úmidas prisões: eram os cristãos, próximos a serem martirizados, que rezavam. Os prisioneiros do *camerom* respondiam aos irmãos em uma alternativa de versos, tirados dos salmos, que eram naturalmente sugeridos pela circunstância.

Na vigília do dia em que deviam lutar com as feras que os dilacerariam, era-lhes concedida uma maior liberdade. Permitia-se aos amigos das vítimas escolherem aqueles que queriam visitar, e os cristãos aproveitavam sabiamente desta permissão, indo à prisão, recomendando-se às orações dos bem-aventurados seguidores de Jesus.

À tarde, os condenados eram conduzidos a uma refeição livre, isto é, a um abundante e até suntuoso banquete público. A mesa ficava circundada por pagãos sempre curiosos para ver como se comportariam e que aspecto assumiriam os combatentes do dia seguinte. Mas não percebiam nos cristãos nem ostentação insolente nem a amarga prostração dos condenados comuns. Para aqueles comensais, o banquete era verdadeiro ágape ou festa do amor, já que eles procuravam a verdadeira alegria, e a ceia era animada por uma consciência da glória a que os conduzia o martírio.

Enquanto os perseguidores preparavam o banquete material das suas vítimas, a mãe-Igreja preparava um banquete muito mais lauto para as almas de seus filhos, para enviar mais à tardinha, aos campeões de Cristo, um número de partículas do Pão da Vida, suficiente para animá-los na manhã do dia seguinte, destinado à luta com as feras.

Capítulo III

Tarcísio, filho e cristão comprometido

Estamos nos primeiros séculos da história da Igreja, mais precisamente no terceiro século; sabe-se que Tarcísio era um jovem que frequentava as catacumbas de São Calisto, em Roma, e muito fiel aos seus compromissos cristãos. Amava muito a Eucaristia e, por vários motivos, concluímos que, provavelmente, fosse um acólito, isto é, um coroinha.

Tarcísio foi mártir da Igreja dos primeiros séculos, vítima da perseguição do imperador Valeriano, em Roma. A Igreja de Roma contava, naquela época, com cerca de cinquenta sacerdotes, sete diáconos e mais ou menos cinquenta mil fiéis no centro da cidade imperial. Ele era um dos integrantes dessa comunidade cristã romana, quase toda dizimada pela fúria sangrenta desse imperador.

Não conhecemos os nomes de seus pais, mas sabemos que ainda criança ficou órfão, porque seus pais foram martirizados pela fúria dos romanos contra aqueles que se tornavam ou mesmo simpatizavam com os cristãos. Talvez seu pai fosse um dos senadores do Império Romano.

Podemos afirmar que o início do ano 245 da Era Cristã foi marcado por um acontecimento fenomenal: o nascimento de Tarcísio, um dos mais ilustres filhos da bela cidade de Roma. Seus pais eram pagãos, porém, cidadãos virtuosos e de fortes princípios morais, o que os tornaram simpatizantes e amigos dos seguidores de Jesus. Quando seus pais foram mortos, Tarcísio foi acolhido por um casal vizinho, que o tratava com carinho e muito conforto. Dizem alguns historiadores que ele tinha apenas sete anos de idade.

Apesar de sua vida curta, Tarcísio viveu com grande intensidade: lembrava-se com gratidão e frequência dos ensinamentos de seus pais biológicos e também de seus pais adotivos, de quem recebeu esmerada formação cristã. Era uma criança alegre, cheia de vitalidade, amigo de todos e para todas as horas, de uma fidelidade fraterna que impressionava a todos.

Durante as brincadeiras, nutria forte repugnância pelas ações que pudessem levar ao pecado; tinha um coração puro e uma palavra de estímulo para todos. Acompanhando seus pais adotivos nas celebrações e encontros dos fiéis, Tarcísio foi aprendendo que os pagãos adoravam deuses falsos, até o próprio imperador, e por isso tinham ódio dos cristãos que não adoravam senão o Deus Trindade, Pai, Filho e Espírito Santo, o Deus de Jesus Cristo que veio viver conosco nesta terra, nos transmitiu o Evangelho e morreu numa cruz para nos salvar.

Tarcísio foi percebendo e presenciando muitas vezes os ataques dos perseguidores que matavam sem motivos, que levavam os cristãos prisioneiros e os entregavam às feras para serem devorados, nos anfiteatros romanos, oferecendo aos pagãos um espetáculo criminoso e repugnante, à custa dos seguidores de Jesus.

E, um dia, ele mesmo chegou a uma belíssima conclusão: "Somente Jesus é capaz de dar forças aos cristãos, paciência e alegria aos mártires". E perguntou à sua mãe: "Eu também posso ser cristão?".

Sua mãe exultou de alegria: "Claro que sim! Que desejo santo, meu filho!".

E este santo desejo transformou totalmente sua vida. Era como se uma grande luz, vinda do céu, invadisse todo o seu ser. A partir de então, Tarcísio parecia um cordeirinho à busca do seu pastor. Em tudo procurava uma oportunidade para conhecer o catecismo, as verdades da fé cristã e os testemunhos dos mártires cristãos. Desejava viver só para Jesus e por ele dar a sua vida, se fosse preciso.

O Batismo, naquela época, era concedido apenas aos adultos e depois de um longo período de preparação. Quem desejasse ser batizado deveria ser apresentado ao Bispo por alguém que já fosse cristão e fiel a Jesus, e que desse boas referências a respeito de seu comportamento na sociedade.

Depois de aprovado, era admitido ao catecumenato[2] – período em que tomava conhecimento da doutrina cristã, assim como das exigências de ser cristão.

Embora ainda adolescente, com apenas onze ou doze anos de idade, pelo testemunho de seus próprios pais adotivos, Tarcísio foi aceito e tornou-se um catecúmeno exemplar.

Apresentou-se ao Papa Sixto II para o grande escrutínio. O Santo Padre lhe perguntou: "Você ama muito a Nosso Senhor?". E Tarcísio lhe respondeu prontamente e com grande entusiasmo: "Sim, Santo Padre, e não posso mais viver sem amá-lo. Foi ele que me deu a vida e me chamou para o seio da Igreja".

Era sábado santo, vigília da Páscoa. Tarcísio professou sua fé e foi batizado na companhia de um grande número de cristãos que participaram da celebração do Papa Sixto II, nas catacumbas de São Calisto. Todos ficaram edificados com o testemunho de fé do jovem Tarcísio. Seus olhos pareciam dois fachos de luz. Em seguida foi crismado e recebeu pela primeira vez a Santa Eucaristia. E assim estava pronto para o testemunho de Cristo com sua própria vida.

---

[2] Catecúmenos, na Igreja Primitiva, eram todos aqueles que se preparavam para receber os sacramentos da iniciação cristã: Batismo, Crisma e Eucaristia. O catecumenato, então, era o período de preparação necessária e a preparação mesma para a recepção daqueles sacramentos.

Tarcísio tornou-se acólito do Papa Sixto II, ou seja, era coroinha na igreja, servindo ao altar nos serviços secundários, acompanhando sempre o Santo Padre nas celebrações eucarísticas junto aos primeiros cristãos.

Capítulo IV

A *nobre missão*

Durante o período das perseguições, os cristãos eram presos, processados e condenados a morrer pelo martírio. Nas prisões, eles desejavam receber o conforto final da Eucaristia. Mas era impossível entrar. Numa das tentativas, dois diáconos, Felicíssimo e Agapito, foram identificados com os cristãos e brutalmente sacrificados.

O Papa Sixto II queria levar o Pão Sagrado a mais um grupo de mártires que esperavam a execução, mas não sabia como.

Um dia, quando o celebrante perguntou, como sempre fazia, quem estava disposto a levar a Eucaristia aos outros irmãos e irmãs que a estavam esperando, levantou-se o jovem Tarcísio e disse: "Envia-me". Aquele menino parecia demasiado jovem para um serviço assim tão exigente! "A minha juventude – disse Tarcísio – será o melhor refúgio para a Eucaristia".

O Santo Padre, convencido de sua segurança e prontidão, confiou-lhe aquele Pão precioso, dizendo-lhe: "Tarcísio, lembra-te de que um tesouro celeste é confiado aos teus débeis cuidados. Evita ruas movimentadas e não te esqueça de que as coisas santas não devem ser jogadas aos cães, nem as pérolas aos porcos. Protegerás com fidelidade e segurança os Sagrados Mistérios?".

"Morrerei – disse Tarcísio decidido – antes de entregá-los." Ele tinha doze anos de idade. Comovido, o Papa Sixto II abençoou-o e deu-lhe uma caixinha de prata com as hóstias. Mas Tarcísio não conseguiria chegar à cadeia.

Ao longo do caminho, encontrou alguns rapazes pela rua, que se aproximaram e pediram que se unisse a eles. À sua resposta negativa, esses – que eram pagãos – suspeitaram e perceberam que ele levava alguma coisa junto ao peito e que parecia defender. Tentaram arrancá-la, mas foi em vão; a luta tornou-se mais e mais furiosa, especialmente quando souberam que Tarcísio era cristão; chutaram-no, atiraram pedras, mas ele não cedeu.

Moribundo, foi levado ao Papa por um oficial pretoriano chamado Quadrato, que também havia se tornado, secretamente, cristão. Chegou sem vida, mas ainda segurava firme junto ao peito um pequeno pano de linho onde havia protegido a Eucaristia. Foi sepultado nas catacumbas de São Calisto, próximo do Papa Stefano.

Num belo poema fixado nas catacumbas de São Calisto onde Tarcísio fora sepultado, o Papa Dâmaso – século IV – conta que o jovem preferiu a morte violenta pelas mãos de um grupo de criminosos a entregar o Corpo do Senhor. Compara-o com Santo Estêvão, que morreu apedrejado por seu testemunho de Cristo:

> *Enquanto um criminoso grupo de fanáticos*
> *atirava-se sobre Tarcísio, que levava a Eucaristia,*
> *o jovem preferiu perder a vida, a exemplo de Santo Estêvão,*
> *antes que deixar aos raivosos o Corpo de Cristo.*

No ano 767, o Papa Paulo I determinou que seu corpo fosse transferido para o Vaticano, para a Basílica de São Silvestre, e colocado ao lado dos outros mártires. Mas em 1596 seu corpo foi mais uma vez transferido e colocado definitivamente embaixo do altar principal daquela mesma basílica.

A Basílica de São Silvestre é uma das mais belas igrejas do Vaticano. Sem dúvida, o lugar mais apropriado para o grande jovem protetor da Eucaristia: o jovem mártir e acólito Tarcísio. Mesmo assim, ainda se conservam nas catacumbas de São Calisto inscrições e restos arqueológicos que atestam a veneração que Tarcísio granjeou na Igreja Romana.

No próprio *Martirológio Romano*,[3] reporta-se também a uma bela tradição oral, segundo a qual, sobre

---

[3] *O Martirológio Romano* é o catálogo dos santos e beatos venerados pela Igreja Católica. Apesar do nome, inclui todos os santos conhecidos e não apenas os mártires. A sua primeira versão foi escrita no

o corpo de São Tarcísio, não foi encontrado o Santíssimo Sacramento, nem nas mãos nem entre as suas vestes. Ali é explicado que a partícula consagrada, defendida com a vida pelo pequeno mártir, havia-se tornado carne de sua carne, formando assim, com o seu próprio corpo, uma única hóstia imaculada oferecida a Deus.

Tarcísio foi declarado padroeiro dos coroinhas ou acólitos jovens e adolescentes que servem ao altar. Mais uma vez encontramos a importância da Eucaristia na vida do cristão e vemos que os santos existem não para ser adorados, mas para nos lembrar de que eles também tiveram fé em Deus. Eles são um exemplo de fé e esperança que deve permanecer sempre com as pessoas. Tarcísio é também padroeiro dos operários que sofrem perseguições por causa de suas crenças religiosas.

O culto a São Tarcísio cresceu, sobretudo, nos anos de 1800, depois da publicação do romance *Fabíola ou a Igreja das Catacumbas*, de Nicholas Wiseman (Londres, 1855), que destacou e tornou atraente a fi-

---

século XVI e aprovada pelo Papa Gregório XIII em 1586, tendo sido revista múltiplas vezes. A atual edição do *Martirológio Romano* (2001) inclui 6.538 santos e beatos, mas o seu número total é maior, já que em muitos casos se refere apenas a um nome, acompanhado pela menção: "e companheiros mártires".

gura do corajoso adolescente. Em Roma, em 1939, foi-lhe dedicada uma igreja, obra do famoso arquiteto Rossi. E em muitas outras igrejas romanas encontramos pinturas, estátuas, esculturas no frontispício de altares que representam a imagem do mártir da Eucaristia.

Uma belíssima estátua, esculpida por A. Falguière, é conservada no Museu do Louvre de Paris. Essa escultura foi apresentada por Falguière no salão do Museu de Orsav, com o título Tarcísio, mártir cristão, e adquirida pelo próprio Governo francês. O escultor escolheu representar o momento em que o jovem Tarcísio morre sob os golpes das pedras. O epitáfio escrito pelo Papa Dâmaso I, visível nas catacumbas de São Calisto, foi transcrito na base da escultura.

Outra bela imagem encontramos na Igreja de São Lourenço, fora dos Muros, em Faenza, Roma. Uma estátua ilusionista de Tarcísio, parecida com o mármore de Falguière, porém, com uma expressão de dor menos reprimida. Além disso, existe uma relíquia do jovem santo na capela do Instituto São Tarcísio, em Roma, Via Ápia Antiga, 102.

Capítulo V

São Tarcísio, amigo e patrono da juventude

São Tarcísio, com apenas doze anos de idade, quis levar a Eucaristia aos cristãos condenados à morte por ordem do imperador Valeriano, mesmo sabendo que colocava em risco a própria vida. Pressionado por pagãos a entregar-lhes o tesouro eucarístico, resistiu até a morte. Nos nossos tempos, os adolescentes e jovens cristãos são chamados também – como os interpela o Papa Bento XVI – a serem discípulos e missionários de Cristo Jesus: "A nós, provavelmente, não é pedido o martírio, mas Jesus nos pede a fidelidade nas pequenas coisas, o recolhimento e a participação interior, nossa fé e esforço de manter presente este tesouro na vida de todos os dias. Pede-nos a fidelidade nas tarefas diárias, o testemunho do seu amor, frequentando a Igreja movidos por uma convicção interior e pela alegria da sua presença. Assim, podemos também dar a conhecer aos nossos amigos que Jesus vive".[4]

Muitos cristãos ignoram ou duvidam da presença de Jesus no Santíssimo Sacramento. Necessitam de

---

[4] Catequese de Bento XVI sobre São Tarcísio, no dia 4 de agosto de 2010.

alguém, fiel e forte como Tarcísio que lhes desperte a consciência, recordando-lhes que, naquele "pedaço de pão", se encontra o Senhor Ressuscitado, aquele que dá o verdadeiro sentido à nossa vida, ao imenso universo e à mais frágil criatura, a toda a história humana e à mais breve existência.

A Eucaristia é o sacramento de Deus que não nos deixa sozinhos no caminho, mas que se coloca ao nosso lado e nos indica sempre a direção a seguir:

"Sirvam com generosidade a Jesus presente na Eucaristia. É uma tarefa importante, que lhes permite estar particularmente próximos ao Senhor e crescer em uma amizade verdadeira e profunda com ele. Guardem zelosamente esta amizade no seu coração, como São Tarcísio, prontos a comprometerem-se, a lutar e dar a vida para que Jesus chegue a todos os povos. Comuniquem também aos seus colegas o dom dessa amizade, com alegria, entusiasmo, sem medo, a fim de que possam sentir que vocês conhecem este Mistério, que é verdadeiro e que o amam! [...]. Queridos jovens e adolescentes, Jesus está na Eucaristia; colaborem a fim de que ele possa estar mais presente no mundo, na vida cotidiana, na Igreja e em toda parte. Emprestem a Jesus as suas mãos, os seus pensamentos, o seu tempo. Ele não deixará de recompensá-los, dando-lhes a verdadeira alegria e fazendo-os sentir onde está a felicidade mais plena. São Tarcísio mostrou-nos que o amor pode levar-nos até mesmo o dom da vida por um bem autêntico, pelo verdadeiro bem, pelo Senhor".[5]

O exemplo de São Tarcísio incentive-nos a amar Jesus e a fazer a sua vontade, como fez a Virgem Maria, fiel ao seu Filho até o fim.

---

[5] Ibidem.

Oração a São Tarcísio

Ó glorioso São Tarcísio, mártir da Igreja e missionário de Jesus Cristo, que agora no céu estás gozando o prêmio do teu amor verdadeiro a Deus, da fidelidade e proteção constantes à Eucaristia.

Abençoa nossa Igreja, nossa nação, nossas famílias, nossos jovens e todas aquelas pessoas que buscam em ti o amor e a coragem de lutar por Jesus Cristo.

Desperta nos jovens o amor apaixonado pelo Senhor e o desejo ardente de fazer o bem às pessoas, de doar sua vida a serviço do Evangelho, de levar a Boa-Nova a todos os povos.

Quero, neste dia, seguir tua bravura, sentindo em meu coração a Eucaristia, seguindo a Jesus Cristo, amando e respeitando o serviço de tua Igreja, o Magistério de nossa fé.

Livra-me da maldade e de tudo o que nos pode separar de Deus, do próximo e da salvação eterna. Concede-me a graça que desejo alcançar (*pedido*). Assim seja.

Anexo

As catacumbas

As catacumbas são antigos cemitérios subterrâneos, utilizados durante os tempos do Império Romano, entre o segundo e o quinto século da Era Cristã. Foram também encontradas catacumbas em Nápoles, na Sicília e até no norte da África, mas as mais conhecidas se localizam em Roma, surgidas em consequência de um Edito Imperial que proibia o sepultamento dos mortos dentro do perímetro urbano.

Em vista de tal proibição, os cidadãos romanos e, mais tarde, os cristãos construíram seus cemitérios ao longo das grandes estradas, chamadas consulares, fora dos muros da cidade. Os cristãos preferiam sepultar seus mortos nas galerias subterrâneas das catacumbas. Eis as maiores: catacumba de São Sebastião, de Priscila, de São Calisto, de Domitila, de São Pancrácio, de São Lorenzo e de Santa Inês.

Algumas denominações se referiam ao nome do mártir aí sepultado; outras designavam a área geográfica; outras, ainda, recebiam o nome do proprietário do referido terreno. As catacumbas eram lugares onde os primeiros cristãos celebravam, ocasionalmente, a Eucaristia, mas não consta que fossem usadas normalmente como esconderijos em vista das perseguições. Excepcionalmente, transformavam-se em refúgios temporários, já que seus inúmeros túneis sinuosos formavam um verdadeiro labirinto.

Elas chegavam a ter, às vezes, dezenas de quilômetros em diversos pisos subterrâneos, como a de Domitila, com extensão de 15 quilômetros. Algumas estão abertas aos visitantes; outras, em reparo, devido aos desmoronamentos das galerias durante os vinte séculos de existência. Tais cemitérios subterrâneos foram saqueados e violados durante e após as invasões bárbaras e pelos devotos em busca de relíquias dos mártires; em seguida, foram abandonados. De alguns, perdeu-se até a localização. Vários foram redescobertos e estudados a partir de 1600 e, uma vez examinados com minúcia, tornaram-se concorridos locais de visitação pública e piedoso recinto de veneração.

As catacumbas são formadas por longos túneis, em cujas paredes foram cavados os lóculos, ou nichos retangulares, superpostos, suficientemente espaçosos para abrigar um ou mais cadáveres, envolvidos em mortalha ou num simples lençol. Não se usavam caixões. Os lóculos eram fechados com argamassa, tijolos ou com uma placa de mármore, onde se escrevia o nome do falecido. Alguns ostentavam grafites simbólicos com votos de paz na eternidade. Os cristãos, como demonstram as inscrições das lápides, sempre acreditaram na ressurreição dos mortos. Sepultando seus mortos, repudiavam a cremação dos cadáveres, um procedimento comum na Roma Imperial.

As catacumbas são de extrema importância porque nos revelam, desde os primeiros decênios do Cristianismo, qual era a crença dos cristãos após a morte, que era chamada *dies natalis*, dia do nascimento. Os lóculos formavam uma espécie de dormitório, chamado "cemitério" ou "lugar do repouso". Além dos lóculos, as catacumbas continham os cubículos, pequenas salas que abrigavam vários nichos, muitas delas com afrescos ou mosaicos, e as criptas, salas maiores, com a função de pequenas igrejas subterrâneas. As criptas eram mais solenes e embelezadas com um altar, pinturas e mosaicos. Em geral, eram preparadas para receber o cadáver de um mártir ilustre.

A escavação dos túneis era feita à mão. A terra, retirada através de poços que chegavam à superfície, também servia para arear as galerias. Os símbolos eram sinais ou a descrição gráfica de um tema espiritual, entendido somente pelos cristãos. Entre muitos, desenhados, grafitados ou pintados, foram encontrados: o desenho do Orante, uma pessoa com braços abertos em sinal de oração; a figura do bom Pastor, com sua ovelha no ombro simbolizando o Cristo; uma pomba, símbolo da alma e da paz divina; as letras gregas Alfa e Ômega, significando que Cristo é o começo e o fim da criação; o peixe, cujas letras gregas significam "Cristo, Filho de Deus, Salvador", e outros mais.

As pinturas celebram fatos da Bíblia. Na catacumba de Priscila há uma pintura de Maria com o Menino no colo; supostamente o primeiro registro iconográfico da Mãe de Jesus. Lá também se encontram: a adoração dos magos, a barca de Pedro, a celebração da Eucaristia, alguns milagres de Cristo e outros desenhos. Eles são as mais antigas representações dos Evangelhos, desenhados de maneira singela, facilmente compreensível para os primeiros cristãos, muitos dos quais analfabetos e impedidos de entender as Sagradas Escrituras. Tais cemitérios são documentos e arquivos da Igreja primitiva e, por isso, têm extraordinária importância como demonstração de que o núcleo da nossa fé – na Igreja de hoje – é o mesmo dos primeiros cristãos que pagaram até com o martírio a sua entrega a Cristo.

Sumário

Apresentação 5

Introdução 9

Capítulo I – Roma dos imperadores 13

Capítulo II – As comunidades cristãs 19

Capítulo III – Tarcísio, filho e cristão comprometido 23

Capítulo IV – A nobre missão 29

Capítulo V – São Tarcísio, amigo e patrono da juventude ... 35

Oração a São Tarcísio 39

Anexo – As catacumbas 41